Mon Cahier d'activités Lulu Vroumette

D'après les aventures de Lulu Vroumette
créées par Daniel Picouly et Frédéric Pillot

Auteur
Sylvie Bordron
Professeur des écoles

Illustrations
Frédéric Pillot

Ce cahier appartient à :

....

MAGNARD

Sommaire

Français

Observation

Des questions stimulantes à chaque page !

Maths

Découverte

En route !

Lulu rencontre Rien-ne-sert le lièvre sur le chemin de l'école.

FRANÇAIS

Écris les groupes de mots au pluriel.

- une trousse bleue → des ....
- un cartable lourd → des ....
- une règle plate → des ....
- un grand tableau → des ....

OBSERVATION

Colle les autocollants des objets
que les élèves ont pu mettre dans leur cartable.

Observe bien l'image

Le grand débat

Dame l'Oie préside le débat entre Lulu et le lièvre.

MATHS

Le débat entre Lulu la tortue et Rien-ne-sert le lièvre a commencé à 14 h. Il a duré 60 minutes.
À quelle heure ce débat s'est-il terminé ?

Le débat s'est terminé à ....

OBSERVATION

Entoure le nom de l'objet posé sur le bureau de Dame l'Oie.

→ une horloge – une montre – un sablier – un chronomètre

Observe bien l'image

Un moyen de transport original

Grâce à la cigogne, Lulu la tortue va vite rentrer chez elle.

DÉCOUVERTE

Recopie le nom de chaque animal dans la bonne colonne.

un papillon – un pigeon – un rossignol – une libellule
un corbeau – une coccinelle – une mouche – une mouette

Les oiseaux	Les insectes
....	....
....	....
....	....
....	....

OBSERVATION

Entoure l'oiseau qui correspond à celui que tu vois sur l'image.

héron cendré

cigogne blanche

flamant rose

Coloriage

Mais que fait ce crapaud sur la tête de Blaise le blaireau ?

Dans la classe

Avant le goûter, les élèves rendent leur travail à la maîtresse.

OBSERVATION

Colle des autocollants :

– une étoile rouge près de l'objet qui sert à peser,
– une étoile bleue près de l'objet qui sert à tracer un angle droit,
– une étoile verte près de l'objet qui représente la Terre.

MATHS

Complète les phrases avec les unités de mesure suivantes :

→ mètres – grammes – kilomètres – kilogrammes

- Un sanglier pèse environ 150 ....
- La classe mesure 6 .... de long.
- La distance entre Paris et Cannes est de 690 ....
- Une gomme pèse 10 ....

Une très bonne nouvelle

Lulu est contente : son cirque préféré est arrivé dans la clairière.

FRANÇAIS

Relie les mots de la même famille.

un acrobate ●	● la magie
un jongleur ●	● le trapèze
un trapéziste ●	● une acrobatie
un magicien ●	● le jonglage

OBSERVATION

Observe l'affiche que regarde Lulu et entoure la bonne réponse.

Le cirque s'appelle :

- Zami-Zamo
- Zamo-Zami

Le cirque est installé :

- dans la clairière
- dans la forêt

Le spectacle a lieu :

- le matin
- le soir

Un vrai bazar !

Il faut vraiment que Lulu range sa chambre...

MATHS

Complète le dessin avec les mots suivants :

→ une face – une arête – un sommet

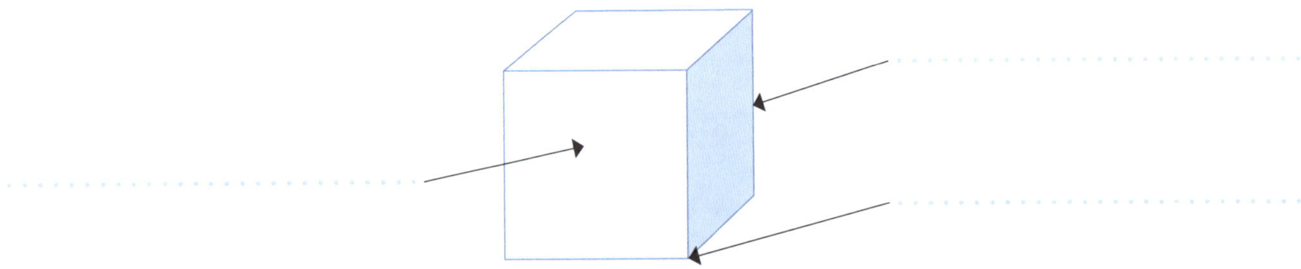

OBSERVATION

Relie chaque solide à un objet qui lui ressemble.

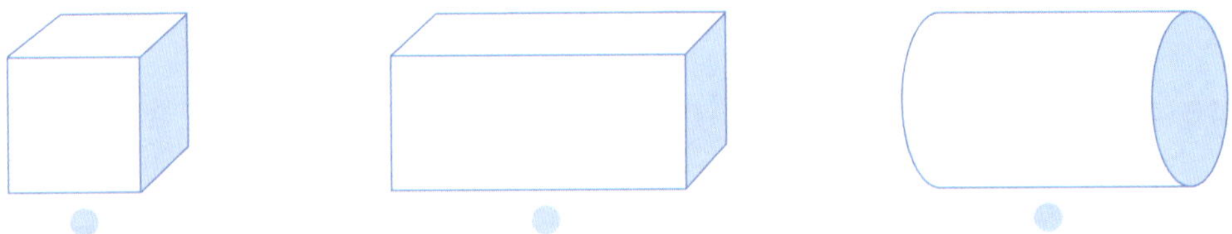

Un grand discours !

Tout le monde écoute le discours de Rien-ne-sert le lièvre.

OBSERVATION

Relie chaque animal à sa représentation sur le dessin.

DÉCOUVERTE

Relie comme il convient.

Mâles	Femelles	Petits
cerf	jument	marcassin
sanglier	biche	chevreau
bouc	laie	poulain
cheval	chèvre	faon

Bric-à-brac

Pas facile de trouver ce que l'on cherche avec tous ces objets !

FRANÇAIS

Complète avec « en » ou « em ».

une t........te – sept........bre – une c........taine – une t........pête

Complète avec « an » ou « am ».

une ch........son – quar........te – la c........pagne – la ch........bre

OBSERVATION

Barre le nom des objets que tu ne vois pas sur l'image.

une pendule – une télécommande – un casque – une lampe

un ordinateur – un torchon – un globe – un réveil – une feuille

un chapeau – un parapluie – un cartable – un panier – un vélo

Observe bien l'image

Un oiseau venu d'ailleurs

Les blaireaux ont capturé une femelle dodo.

OBSERVATION

Compte le nombre de voyelles et de consonnes dans le prénom écrit sur l'image. Entoure la bonne réponse.

- Il y a moins de consonnes que de voyelles.
- Il y a autant de consonnes que de voyelles.
- Il y a plus de consonnes que de voyelles.

Observe bien l'image

MATHS

Complète avec le signe < (est plus petit que) ou > (est plus grand que).

108 750	243 342	521 527
600 599	835 833	456 564

Entrée interdite !

Lulu et ses amies ne peuvent pas répéter leur concert.

FRANÇAIS

Termine les phrases avec un point ou un point d'interrogation.

- Lulu et ses amies arrivent devant la salle de répétition ....
- Pourquoi la porte est-elle fermée ....
- Lulu et ses amies sont très en colère ....
- Où vont-elles aller pour préparer le concert ....

OBSERVATION

Observe le mot écrit sur l'image.
Colorie en bleu le mot contraire et en rouge le mot synonyme.

gentil	clos	bizarre	ouvert

Un fantastique orchestre

Lulu adore jouer de la musique avec ses amies.

DÉCOUVERTE

Place les autocollants dans la bonne colonne.

Instruments à cordes	Instruments à vent	Instruments à percussion

OBSERVATION

Relie chaque mot à un objet présent sur l'image.

une baguette •

une cymbale •

une trompette •

une guitare •

une grosse caisse •

Observe bien l'image

Sur scène !

Sur scène, Lulu et ses amis chantent en chœur.

MATHS

Écris les nombres avec des mots.

108 : ....

423 : ....

667 : ....

985 : ....

OBSERVATION

Compte le nombre de personnages et entoure les étiquettes qui correspondent à ce nombre.

7×2	$22 - 5$	3×3	$10 + 4$	$20 - 6$	$9 + 8$

Des autocollants pour les activités

En route, p. 4

 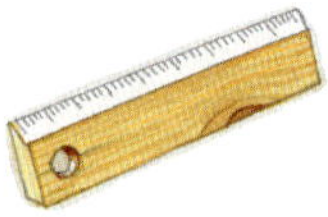    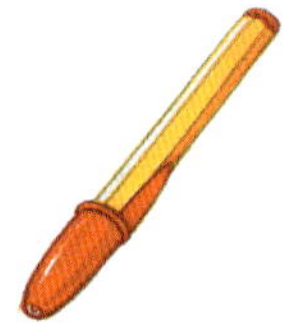

Dans la classe, p. 8

Un fantastique orchestre, p. 15

Une rencontre inattendue, p. 18

Découverte

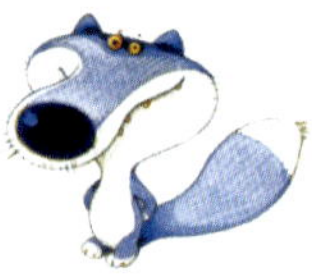 

Observation

forêt

louveteaux

tanière

louve

carnivore

Voyage au bout du monde, p. 23

Joyeux noël, p. 25

Vite, retirons le nœud !

Oh ! Quelle belle cloche !

Merci Lulu pour cette carotte géante !

Regardez ma jolie guirlande !

Des autocollants pour s'amuser

Un mystérieux ennemi

Qui a osé écrire ces vilains mots sur la maison de Lulu ?

FRANÇAIS

Lis le message écrit sur le mur de la maison de Lulu.
Entoure les articles et souligne les noms.

VILAINES LES TORTUES ! PAS BELLES !

VIVE LA LUZERNE ET LES CAROTTES !

OBSERVATION

Entoure les 2 objets qui correspondent à ces 2 devinettes.

- C'est une boîte posée sur un piquet en bois.
  Le facteur y dépose les lettres que reçoit Lulu.

- C'est un instrument pour jardiner.
  Lulu y met de l'eau pour arroser ses fleurs.

Une rencontre inattendue

En se promenant dans la forêt, Lulu rencontre le loup bleu.

DÉCOUVERTE

Colle les autocollants des animaux dans la colonne qui convient.

Carnivores	Herbivores	Omnivores

OBSERVATION

Complète la carte d'identité du loup avec les autocollants.

Lieu de vie :

Habitat :

Régime alimentaire :

Nom de la femelle :

Nom des petits :

Coloriage

Lulu et ses amis partent à l'aventure.

Le jour du vote

Qui va être élu président des bois, des prés, des champs ?

MATHS

Lis le texte et réponds aux questions.

La maîtresse organise un vote pour élire le président de la forêt.
Lulu et Rien-ne-sert sont candidats.
Il y a 28 élèves dans la classe. 15 ont voté pour Lulu.

- **Combien d'élèves ont voté pour Rien-ne-sert ?**

....

- **Qui est élu président de la forêt ?**

....

OBSERVATION

Relie chaque personnage de l'image à la phrase qui convient.

- Lulu tient son bulletin de vote.
- La taupe sort de l'isoloir.
- La belette dépose son bulletin de vote dans l'urne.

Observe bien l'image

La nouvelle maîtresse

Les élèves regardent avec étonnement leur nouvelle maîtresse.

FRANÇAIS

Complète les mots avec « p » ou « b ».

un __antalon	un ta__leau
une __ranche	un cha__eau
un ta__ouret	une ca__ine
un ta__is	une co__ine
un __igeon	un __ijou

OBSERVATION

Entoure 5 objets dont le nom contient le son [p].

L'heure du conte

Lulu lit une histoire à ses amis sous l'arbre à livres.

MATHS

Colorie d'une même couleur
les étiquettes qui ont la même valeur.

3 × 4	6 + 6 + 6	30	4 + 4 + 4
12	8 + 8 + 8	3 × 10	18
3 × 8	10 + 10 + 10	3 × 6	24

OBSERVATION

Regroupe les livres suspendus à l'arbre dans
des ensembles contenant chacun 5 livres.

- Combien y a-t-il d'ensembles ? ....
- Combien y a-t-il de livres dans l'arbre ? ....

Voyage au bout du monde

Lulu cherche la destination de son prochain voyage.

DÉCOUVERTE

Écris s'il s'agit d'un océan ou d'un continent.

Atlantique : ....

Europe : ....

Pacifique : ....

Amérique : ....

Afrique : ....

Asie : ....

OBSERVATION

Colle des autocollants sur le globe terrestre :

– une gommette bleue pour indiquer le pôle Nord,
– une gommette rouge pour indiquer le pôle Sud,
– une gommette verte pour indiquer un continent de ton choix.

Observe bien l'image

Le message du père Noël

Qu'arrive t-il au père Noël cette année ?

FRANÇAIS

Recopie les mots en les classant par ordre alphabétique.

→ pas – désolé – tard – cette – signé – trop – possible – année

OBSERVATION

Entoure les mots qui sont écrits sur le message du père Noël.

Observe bien l'image

signature

possible

impossible

désolé

cette

pardon

année

soir

signé

Joyeux Noël !

Lulu offre des cadeaux à tous ses amis.

MATHS

Lulu prépare un gâteau pour Noël.
Sa recette est prévue pour 6 personnes.
Elle doit doubler les quantités pour faire un plus gros gâteau. Complète le tableau.

Quantités	Chocolat 200 g	Œufs 4	Beurre 125 g	Sucre 200 g	Farine 100 g	Levure 1 sachet
Quantités doublées	....	....	....	....	....	....

OBSERVATION

Qui dit quoi ? Colle chaque bulle près du personnage qui convient.

L'anniversaire de Lulu

Les parents de Lulu lui ont offert une nouvelle carapace !

FRANÇAIS

Écris la phrase au passé composé puis au futur.

En ce moment, Lulu <u>souffle</u> ses bougies.

Hier, ...

Demain, ...

OBSERVATION

Barre les phrases qui sont fausses.

- Les parents de Lulu lui souhaitent un joyeux Noël.
- Le cadeau de Lulu est une magnifique carapace.
- Lulu fête ses huit ans.
- La maman de Lulu porte un collier.

Observe bien l'image

La colère de Lulu

Lulu est très fâchée car un homme coupe les sapins de la forêt.

DÉCOUVERTE

Écris le nom du métier qui correspond à chaque devinette.

→ un boulanger – un mécanicien – un chirurgien – un vétérinaire

- Je fabrique et je vends du pain. → ....
- Je soigne les animaux. → ....
- J'opère les personnes malades à l'hôpital. → ....
- Je répare les voitures. → ....

OBSERVATION

Colorie l'étiquette qui indique le métier de l'homme sur l'image.

un jardinier | un fermier | un bûcheron

Colorie l'étiquette qui indique l'outil utilisé par l'homme sur l'image.

une tronçonneuse | une scie | une hache

Observe bien l'image

Coloriage

Lulu a reçu une lettre d'un amoureux secret.

La cuisine en plein air

Lulu et ses amis préparent leurs plats pour le concours de cuisine.

FRANÇAIS

Recopie chaque phrase en remplaçant les mots soulignés par un pronom.

- Lulu et ses amis font la cuisine.

....

- Le lièvre veut gagner le concours de cuisine.

....

- Dame l'Oie la maîtresse met une nappe sur une table.

....

OBSERVATION

Relie chaque action au personnage qui convient.

peler une pomme de terre

couper un légume

faire sauter des carottes

enfourner un plat

remuer

soulever un couvercle

Observe bien l'image

Une pluie incessante

Lulu est triste : il ne fait que pleuvoir depuis plusieurs jours.

DÉCOUVERTE

Écris « vrai » ou « faux » à côté de chaque phrase.

- Une année est égale à 365 jours. ....
- L'été commence au mois de juin. ....
- Il y a 10 mois dans une année. ....
- Le mois de mars se situe avant le mois d'avril. ....
- Le mois de décembre est le premier mois de l'année. ....

OBSERVATION

Souligne la bonne réponse.

- Quelle saison est montrée sur l'image ?

  hiver – printemps – été – automne

- Quand commence cette saison ?

  juin – septembre – décembre – mars

Corrigés

PAGE 4

Français

des trousses bleues – des cartables lourds – des règles plates – des grands tableaux.

Observation

PAGE 5

Maths

15 heures.

Observation

un sablier.

PAGE 6

Découverte

Les oiseaux : un pigeon – un rossignol – un corbeau – une mouette.

Les insectes : un papillon – une libellule – une coccinelle – une mouche.

Observation

une cigogne blanche.

PAGE 8

Observation

★ équerre – ★ balance – ★ globe.

Maths

kilogrammes – mètres – kilomètres – grammes.

PAGE 9

Français

un acrobate	la magie
un jongleur	le trapèze
un trapéziste	une acrobatie
un magicien	le jonglage

Observation

Zami-Zamo – dans la clairière – le soir.

PAGE 10

Maths

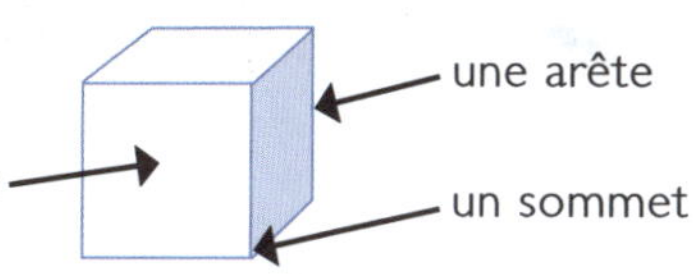

Observation

PAGE 11

Observation

Découverte

cerf	jument	marcassin
sanglier	biche	chevreau
bouc	laie	poulain
cheval	chèvre	faon

PAGE 12

Français

une tente – septembre – une centaine – une tempête.
une chanson – quarante – la campagne – la chambre.

Observation

une télécommande – un ordinateur – un réveil – un chapeau – un cartable – un vélo.

PAGE 13

Observation

Il y a plus de consonnes que de voyelles.

Maths

108 < 750	243 < 342	521 < 527
600 > 599	835 > 833	456 < 564

PAGE 14

Français

Phrases 1 et 3 : point.
Phrases 2 et 4 : point d'interrogation.

Observation

ouvert clos

PAGE 15

Découverte

Instruments à cordes : 

Instruments à vent : 

Instruments à percussion : 

Observation

une baguette
une cymbale
une trompette
une guitare
une grosse caisse

Corrigés

PAGE 16

Maths

cent huit – quatre cent vingt-trois – six cent soixante-sept – neuf cent quatre-vingt-cinq.

Observation

14 : [7 × 2] [10 + 4] [20 – 6]

PAGE 17

Français

VILAINES [LES] <u>TORTUES</u> ! PAS BELLES !
VIVE [LA] <u>LUZERNE</u> ET [LES] <u>CAROTTES</u> !

Observation

une boîte aux lettres – un arrosoir.

PAGE 18

Découverte

Carnivores

Herbivores

Omnivores

Observation

lieu de vie : forêt – habitat : tanière – régime alimentaire : carnivore – nom de la femelle : louve – nom des petits : louveteaux.

PAGE 20

Maths

28 – 15 = 13 – Lulu est élue présidente.

Observation

Lulu tient son bulletin de vote.

La taupe sort de l'isoloir.

La belette dépose son bulletin de vote dans l'urne.

PAGE 21

Français

un pantalon – un tableau – une branche – un chapeau – un tabouret – une cabine – un tapis – une copine – un pigeon – un bijou.

Observation

PAGE 22

Maths

[3 × 4] [6 + 6 + 6] [30] [4 + 4 + 4] [12] [8 + 8 + 8]
[3 × 10] [18] [3 × 8] [10 + 10 + 10] [3 × 6] [24]

Observation

3 ensembles de 5 livres – 15 livres.

PAGE 23

Découverte

Atlantique : océan – Amérique : continent – Europe : continent – Afrique : continent – Pacifique : océan – Asie : continent.

Observation

PAGE 24

Français

année – cette – désolé – pas – possible – signé – tard – trop.

Observation

possible – désolé – cette – année – signé.

PAGE 25

Maths

chocolat : 400 g – 8 œufs – beurre : 250 g – sucre : 400 g – farine : 200 g – levure : 2 sachets.

Observation

PAGE 26

Français

a soufflé – soufflera.

Observation

faux – vrai – faux – vrai.

PAGE 27

Découverte

un boulanger – un vétérinaire – un chirurgien – un mécanicien.

Observation

un bûcheron – une scie.

PAGE 29

Français

Ils font … – Il veut … – Elle met …

Observation

PAGE 30

Découverte

vrai (sauf les années bissextiles qui comptent 366 jours) – vrai – faux – vrai – faux.

Observation

automne – septembre.

Édition : Claire Tréboute – Conception graphique : Guénolée Dupart – Mise en pages : Typo-Virgule – Crédits photographiques : Fotolia.com, iSctockphoto.com

Dépôt légal : mai 2012 – N° éditeur : 2011/2942 – Achevé d'imprimer en janvier 2013 par G. Canale (Italie)